Johann Ernst Schmaler

Kleine Grammatik der serbisch-wendischen Sprache in der Oberlausitz

Johann Ernst Schmaler

Kleine Grammatik der serbisch-wendischen Sprache in der Oberlausitz

ISBN/EAN: 9783744602655

Hergestellt in Europa, USA, Kanada, Australien, Japan

Cover: Foto ©Thomas Meinert / pixelio.de

Weitere Bücher finden Sie auf **www.hansebooks.com**

Kleine Grammatik

der

serbisch-wendischen Sprache
in der Oberlausitz.

Von

J. E. Schmaler.

Mała
serbska ryčnica.

Po Dr. Pfulowym ryčničnym přehladom

wot

J. E. Smolerja.

Třeći wudawk.

Bautzen. 1861. Budyšin.
Verlag von J. E. Schmaler.

§. 1.

Die Buchstaben.

(Pismiki.)

Man schreibt mit folgenden Buchstaben: a, b, b́, c, č, ć, dź, e, ě, f, g, h, ch, i, j, k, kh, ł, l, m, ḿ, n, ń, o, ó, p, ṕ, r, ŕ, ř, s, š, t, u, w, ẃ, y, z, ž, und nennt sie: ah, bej, cej, čej, ćer, dej, dźej, ej, jět, eľ, gej, hah, chah, ij, jót, kah, eł, el, em, en, ow, ót, pej, er, eř, s, eš, tej, uh, wej, yj (ypsilon), zet, žet. Die Buchstaben b́, ḿ, ń, ṕ, ŕ, ẃ heißen weich b, m u. s. w. — Sie werden in Selbstlaute (samozynki) und in Mitlaute (sobuzynki) eingetheilt. Sowohl Selbstlaute, als auch Mitlaute zerfallen in harte und weiche. Das Zeichen der Weichheit u. ʒei Selbstlauten: j, bei Mitlauten: ˊ ˇ, j, und weich wird der Buchstabe genannt, mit dem sich beim Aus= sprechen ein j verbindet, es mag dieses j in der Schrift zu sehen sein oder nicht.

Die Mitlaute sind:

a) Lippenlaute (hubniki): w, (ł), f, b, p, m; ẃ, b́, ṕ, ḿ.

b) Gaumenlaute (dźasniki): n, (ł), r; nj, ń, l, rj, ŕ.

c) Zahnlaute (zubniki): d, t.

d) Zischlaute (syčawki): c, s, z; č, ć, dź, š, ž, ř.

e) Kehllaute (krkniki): g, h, ch, k; j.

1*

Hinsichtlich der Aussprache ist zu bemerken:

ě klingt beinahe wie i-e; z. B. wěra, der Glaube; měr, der Friede.

i wird immer wie jie ausgesprochen, z. B. mi, mir; nitka, der Faden.

ó beinahe wie u, z. B. tón, dieser; kóń, das Pferd.

y fast wie ü, z. B. ty, du; ryba, der Fisch.

c wird wie das deutsche z ausgesprochen, z. B. holca, das Mädchen; nic, nicht.

č wie ein scharfes tsch, z. B. čakaj, warte; rěč, die Sprache.

ć wie tsch, fast wie tj, z. B. ćaham, ich ziehe; puć, der Weg.

dź wie dsch, z. B. dźak, der Dank; pomjedź, der Mehlthau.

kh wie ein scharfes k, z. B. khować, bergen; khory, krank.

Anmerkung. Vor Konsonanten wird kh von k nicht unterschieden, muß aber geschrieben werden in folgenden Wörtern: khłódk (Kühle) Schatten; khłóśći, naschhaft; khlěb, Brot; khlěw, Stall; khlopc, Bursche; khmjel, Hopfen; khmurić so, sich umwölken, verfinstern; khmutać, mühsam kauen; khribjet, Rücken; khripać, schnupfig sein; khripy u. khrjapy die Nasenlöcher; khrjachać, hohl husten; khrobly, dreist; khromy, lahm; khróśćić, rascheln; khróst, Gesträuch; khwała, Lob; khwatać, eilen; khwila, Weile; khwótka, Griff, Heft.

ł wird um Bubissin wie w gesprochen, in der niedern Gegend tönt es fast wie l, z. B. ława, die Bank; koł, der Pfahl.

ř wie sch, z. B. při, bei; křiwy, krumm. Nach t wird es um Bubissin öfters wie s gesprochen, z. B. tři, drei; třěcha, das Dach.

s wie ss, z. B. sam, selbst; nós, die Nase.

š wie sch, z. B. duša, die Seele; myš, die Maus.

z wie ſ, z. B. zub, der Zahu; wóz, der Wagen.

ž, wie ſch ganz gelinde ausgeſprochen oder wie das fran=
zöſiſche j in jour, z. B. žona, die Frau; też, auch.

Mit weichen Mitlauten verbinden ſich auch nur weiche
Selbſtlaute und mit weichen Selbſtlauten wiederum weiche
Mitlaute und mit harten ſtets harte, z. B. jěć (nicht jyć),
smoła — smolić, běły — bělić, skomda — skomdźić.

Die Mitlaute g, h, ch, k ſind vor a, o, ó, u ſtets hart,
vor den übrigen Selbſtlauten (e, ě, i) ſind ſie weich.

Die weichen Konſonanten b́, ḿ, ń, ŕ, ẃ werfen vor
weichen Vokalen (i, ě, je, ja ꝛc.) ihr Weichungszeichen ab,
z. B. nić, zhubić, běžeć, mje, mjaso, pjaty, bjakać, rjenje,
činju, nicht: ńić, zhub́ić, b́ěžeć, ḿje ꝛc. — Dieß gilt auch,
wenn das Wort, zu deſſen Ende ein ſolcher Buchſtabe ſteht,
in der Endung zunimmt, z. B. hołb — hołbje (nicht hołb́je),
ćerń — ćernje, pisar — pisarjo, čeŕw — čeŕwja ꝛc.

Die Buchſtaben č, ć, dź, j, l, ŕ, š, ž, welche ſtets weich
ſind, machen den nachfolgenden Selbſtlaut auch ſtets weich
und darum ſchreibt man vor dieſen Selbſtlaut nicht erſt das
Zeichen der Weichheit, z. B. čas, ćeta (nicht čjas, ćjeta),
dźasno, slepy, přez, šewc, žaba.

Anmerkung. Die Ausgangsſylbe je, ‿e ſpricht man um
Löbau wie i. Steht ſie im Nominativ der Einheit (dawanje),
ſo wird ſie in den andern Gegenden je, ě und jo geſprochen; im
Lokativ (na swěće, w Budyšinje) und im Poſitiv ſolcher Um=
ſtandswörter, die von Beiwörtern abgeleitet ſind (krasnje, mu-
drje, rnče), lautet dieſes je um Budiſſin wie i. Ein reines je, ‿e
hört man aber überall im Vocativ, z. B. knježe, hólče; in
wjele; in den Umſtandswörtern des Orts, z. B. wšudźe; in
den Umſtandswörtern des Komparativs, z. B. bóle, bliže und
in den Bindewörtern ale, hdźe. In der Konjugazion wird e
immer als reines je geſprochen, z. B. ſerju, dźe.

§. 2.
Umänderung der Buchstaben.
(Přeměnjenje pismikow.)

Der Selbstlaut a verwandelt sich in e, wenn er zwischen zwei weiche Mitlaute tritt, z. B. zemjan, der Edelmann, zemjenjo, die Edelleute; prašany, der Gefragte, prašeni, die Gefragten; přadu ich spinne, předźeš du spinnst.

Die harten Mitlaute werden vor weichen Selbstlauten auch weich. So verwandelt sich:

c in č: hólc der Knabe, hólče o Knabe.

d — dź: woda das Wasser, na wodźe auf dem Wasser.

h —α)z (eigentlich ź): noha der Fuß, nozy dem Fuße.

—β)ž: Bóh Gott, Božo o Gott.

ch — š: mucha die Fliege, muše der Fliege.

k —α)c (eigentlich cj): ruka die Hand, rucy der Hand.

—β)č: rak der Krebs, rači Krebs —.

ł — l: čoło die Stirn, na čole auf der Stirn.

s — š: nosyć tragen, pošu ich trage.

t — ć: swět die Welt, na swěće auf der Welt.

st — šć: město die Stadt, měšćan der Städter.

tr — tř: sotra die Schwester, sotře der Schwester.

z — ž: knjez der Herr, knježe o Herr!

§. 3.
Betonung.

In den mehrsylbigen Wörtern hat jedes Mal die erste Sylbe den Ton, z. B. zeleny grün. Tritt eine Präposition vor ein Wort, so erhält gewöhnlich diese den Ton: z. B. na konju auf dem Pferde.

§. 4.
Sylbenabtheilung.
(Dźělenje złožkow.)

Die Sylbenabtheilung erfolgt danach, a) wie eben eine

Sylbe nach der andern ausgesprochen wird: na-na des Va=
ters, rě-ka der Fluß, cal-ta die Semmel, žoł-dźe die Eicheln,
skón-čić beendigen, praw-da die Gerechtigkeit; *b*) in der Art,
daß das erweichende j mit dem vorhergehenden Buchstaben
verbunden wird: ko-nja des Pferdes, doko-nje-nje das Voll=
enden, kowa-rja des Schmides; *c*) auf die Weise, daß zu=
sammengesetzte Wörter so getrennt werden, wie sie zusammen=
gesetzt wurden: ze-tkać begegnen; nje-do-spolny unvollkommen,
do-po-mnić erinnern; *d*) so, daß Buchstaben, die zu Anfange
eines einfachen Wortes etwa zusammenstehen, auch beisammen
bleiben, z. B. w Lip-sku in Leipzig, li-sty die Briefe, ha-wron
der Kohlrabe; ausgenommen, wenn nur irgend eine Endung
beigefügt ist, z. B. mat-ka der Weisel, kŕid-ło der Flügel. —
Uebrigens werden die Dingwörter mit kleinen Anfangsbuch=
staben geschrieben.

§. 5:
Mangelhafte Aussprache des h und w.
(Njedowuprajenje pismikow h, w.)

Obgleich der Buchstabe h um Budissin vor einem Mit=
laute nicht leicht gesprochen wird, so muß er doch in folgenden
Wörtern und deren Ableitungen geschrieben werden: hdy wann,
hdźe wo, hładki glatt, hłód der Hunger, hłós die Stimme,
hłowa der Kopf, hłub der Krautstrunk, hłuboki tief, hłuchi taub,
hłupy dumm, hladać sehen, hlebja die Lanze, hlina der Lehm,
hlista der Spulwurm, hnać treiben, hnada die Gnade, hnydom
sogleich, hněw der Zorn, hnězdo das Nest, hnić faulen, hnida
die Niß, hnój der Mist, hnuć bewegen, hra das Spiel, hrab
die Weißbuche, hrabać rechen, hrabja der Graf, hrana die
Kante, hrěć wärmen, hrěch die Sünde, hrib der Pilz, hriwy
die Mähne, hriwna die Mark, hrimać donnern, hrjada der
Balken, hrjadka das Gartenbeet, hrjebać graben, hrjebło die
Ofenkrücke, hrjuzk der Gründling, hród das Schloß,

hródź ber Stall, hroch Erbſen, hromada ber Haufen, hrono bie Periobe, hroza bie Furcht, hrozyć brohen, hrozny häßlich, hrózynka bie Roſine, hruby grob, hruzel bie Erdſcholle, bryzadło bas Gebiß, hwězda ber Stern, hwizdać pfeifen, hwiždźel bas Schienbein.

Ebenſo muß w in folgenben Wörtern unb beren Ableitungen geſchrieben werben: wbohi bebauernswerth, wćipny vorwitzig, neugierig, wčera geſtern, wčoła (pčoła) bie Biene, wjacy mehr, wjaz bie Rüſter, wjazać binben, wjaznyć einſinken, wlec ſchleppen, włóćić eggen, włoha bie Feuchtigkeit, włoka bie Pflugſchleife, włokno bie Flachszaſern, włós bas Haar, włóski wälſch, wnuk ber Enkel, wrjeć ſprubeln, wrjećeńca bie Blinbſchleiche, wrjećeno bie Spille, wrjeskot bas Krachen, wrjós bas Haibekraut, wróbl ber Sperling, wróćić umkehren, wróna bie Krähe, wrota bas Thor, wrótny verrückt, wšak boch, wšelaki verſchieben, wšědny täglich, wšitkón alle, wšudźe überall, wzać nehmen.

§. 6.
Die Abwandlung des Dingwortes.
(Sklonjowanje wěcownika.)

Die Dingwörter (Hauptwörter, Subſtantiva) werben nach acht Deklinazionen abgewanbelt. Jebes Dingwort hat eine breifache Zahl (ličba, numerus) unb in jeber ſieben Fälle (pad, casus). Sie ſinb 1) ber Nominativ (mjenowak), 2) Genitiv (rodźak), 3) Dativ (dawak), 4) Akkuſativ (žadak), 5) Vokativ (wołak), 6) Lokativ (měsćak), 7) Soziativ ober Inſtrumental (přewodźak).

§. 7.
Erſte und zweite Deklinazion.
(Prěnje a druhe sklonjowanje.)

Zur erſten Deklinazion gehören alle Dingwörter männlichen Geſchlechts mit hartem, zur zweiten aber alle berartigen

Dingwörter mit weichem Endkonsonanten, z. B. nan der Vater; doł das Thal, kral der König, nóž das Messer.

Einheit.
(Jenota. Singularis.)

I. **II.**

	a	b	a.	b.
N.	Nan der Vater.	Doł das Thal.	Kral der König.	Nóž das Messer.
G.	nana	dola, dołu	krala	noža
D.	nanej (nanu)	dołej	kralej	nožej
A.	nana	doł	krala	nóž
V.	nano	doło	kralo	nožo
L.	nanu (nanje)	dole	kralu	nožu
S.	nanom	dołom	kralom	nožom

Zweiheit.
(Dwojota. Dualis.)

N.	nanaj die beiden dołaj	kralej	nožej
G.	nanow B.	dołow	kralow	nožow
D.	nanomaj	dołomaj	kralomaj	nožomaj
A.	nanow	dołaj	kralow	nožej
V.	nanaj	dołaj	kralej	nožej
L.	nanomaj	dołomaj	kralomaj	nožomaj
S.	nanomaj	dołomaj	kralomaj	nožomaj

Mehrheit.
(Mnohota. Pluralis.)

N.	nanojo	doły	kralojo	nože
G.	nanow	dołow	kralow	nožow
D.	nanam	dołam	kralam	nožam
A.	nanow	doły	kralow	nože
V.	nanojo	doły	kralojo	nože
L.	nanach	dołach	kralach	nožach
S.	nanami	dołami	kralemi	nožemi

1. Der Lokativ einiger Wörter der ersten Deklinazion kann auf -je, -e und auf -u enden, z. B. na Židźe und na Židu auf dem Juden, w měše und w měchu in dem Sacke. Es ist jedoch a) die Endung -je, -e fast bei allen Wörtern im Gebrauch, deren Endungslaut sich leicht erweichen läßt, z. B. dub die Eiche, duhje, sud das Gericht, sudźe, doł das Thal, dole, štom der Baum, štomje, klin der Keil, Schooß klinje,

rjap das Rückgrab, rjapje, swět bie Welt, swěće, row bas Grab, rowje; unb b) bie Enbung -u setzt man bei solchen Wörtern, bereu Enbkonsonant sich schwer erweichen läßt (s, z, c, k, h), z. B. pos ber Hunb, na psu, knjez ber Herr, knjezu, krawc ber Schneiber krawcu, bok bie Seite, boku, roh bas Horn, rohu.

2. Der Enbkonsonant ch hat öfterer ´c als -u bei sich, er verwanbelt sich jeboch im erstern Falle in š, z. B. kruch bas Stück, kruchu, kruše, směch bas Gelächter, směchu, směše.

3. Der Lokativ ber auf h ausgehenben Wörter hat nicht nur u, sonbern auch y (statt je) unb zwar in ber Art, baß sich h-je in zy verwanbelt, z. B. brjóh bas Ufer, brjohu brjozy; Bóh Gott, Bohu Bozy.

4. Der Vokativ ist auch in ber Form -je, ´e sehr ge= bräuchlich, z. B. dubje, dole, štomje, hólče, ćělče, padušc. — Knjez, ber Herr, hat knježe; Bóh, Gott, hat Božo.

5. Die auf h, ch, k ausgehenben Wörter haben im No= minativ ber Mehrheit nicht y, sonbern i, z. B. róh bas Horn, rohi; worjech bie Nuß, worjechi, kłobuk ber Hut, kłobuki.

6. Čert ber Teufel, hat in ber Mehrheit čerći; Žid ber Jube, Židźi, Židźa; knjez ber Herr, knježa; susod ber Nachbar, sosudźi, susodźa.

§. 8.
Dritte Deklinazion.
(Třeće skłónjowanje.)

Zur britten Deklination gehören alle Dingwörter säch= lichen Geschlechts auf -o mit vorhergehenbem harten Mitlaute, z. B. slowo bas Wort, wěko ber Deckel.

	Einheit.		Mehrheit.	
N.	Słowo	Wěko	słowa	wěka
G.	słowa	wěka	słowow (słów)	wěkow
D.	słowu	wěku	słowam	wěkam
A.	słowo	wěko	słowa	wěka
V.	słowo	wěko	słowa	wěka
L.	słowje	wěku, wěcy	słowach	wěkach
S.	słowom	wěkom	słowami	wěkami

Zweiheit.

N.	słowje	wěcy
G.	słowow	wěkow
D.	słowomaj	wěkomaj
A.	słowje	wěcy
V.	słowje	wěcy
L.	słowomaj	wěkomaj
S.	słowomaj	wěkomaj

Die Endung k-je verwandelt sich in cy und ch-je in še, z. B. wěcy, wušc für wěkje, wuchje, die beiden Deckel, Ohren.

§. 9.
Vierte und fünfte Deklinazion.
(Štwórte a pjatc skłonjowanje.)

Zur vierten Deklinazion gehören alle Dingwörter sächlichen Geschlechts auf -o mit vorhergehendem weichen Mitlaute und zur fünften alle derartigen Dingwörter, sofern sie im Gen. auf -eća endigen, sowie die Dingwörter auf -mjo, die im Gen. -mjenja haben, z. B. polo das Feld, ćelo das Kalb.

	Einheit.			Mehrheit.
N	Polo, das Feld.	Ćelo, das Kalb.	pola	ćelata
G.	pola	ćeleća	polow	ćelatow
D.	polu	ćeleću	polam	ćelatam
A.	polo	ćelo	pola	ćelata
V.	polo	ćelo	pola	ćelata
L.	polu	ćeleću	polach	ćelatach
S.	polom	ćelećom	polemi	ćelatami

Zweiheit.

N.	poli	ćeleći
G.	polow	ćelatow
D.	polomaj	ćelećomaj
A.	poli	ćeleći
V.	poli	ćeleći
L.	polomaj	ćelećomaj
S.	polomaj	ćelećomaj.

1. Wie polo, so werden auch die Dingwörter auf -je, _e (-jo) deklinirt, z. B. daće das Geben, ćernje das Dorn= gesträuch, widźenje das Sehen, strowje die Gesundheit; Gen. daća, ćernja, widźenja, strowja; Dat. daću, ćernju u. s. w.

2. Zur vierten Deklinazion gehören vorzüglich die Be= nennungen junger Thiere, z. B. ćelo das Kalb, kurjo das Huhn, libjo das Gänschen, Gen. ćeleća, kurjeća u. s. w., so wie auch die Dingwörter auf -mjo. Diese erhalten im Genetiv die Verlängerung auf - enja, z. B. brěmjo die Bürde, Gen. brěmjenja, Dat. brěmjenju u. s. w.

3. Swinjo das Schwein hat die Einheit und Zweiheit nach der fünften Deklinazion, die Mehrheit aber (vom Worte swinja) nach der siebenten, jedoch etwas unregelmäßig: N. A. V. swinje, G. swini, D. swinjom, L. swinjoch, S. swinemi.

4. Dźěćo das Kind hat im N. A. V. dźěćo, Gen. dźěśća. D. L. dźěśću, S. dźěśćom. In der Zweiheit: N. dźěśći, G. dźěśćow, D. L. S. dźěśćomaj; in der Mehrheit: N. A. V. G. dźěći, D. dźěćom, L. dźěćoch, S. dźěćimi.

§. 10.

Sechste Deklinazion.
(Šeste skłonjowanje.)

Zur sechsten Deklinazion gehören alle Dingwörter weib= lichen Geschlechts mit hartem Endungskonsonanten, es mag solchem der Ausgangsvokal a beigefügt sein oder nicht, z. B. ryba der Fisch, rěka der Fluß.

	Einheit.		Mehrheit.
N.	Ryba, der Fisch	Rěka, der Fluß.	ryby	rěki
G.	ryby	rěki	rybow (ryb)	rěkow
D.	rybje	rěcy	rybam	rěkam
A.	rybu	rěku	ryby	rěki
V.	ryba	rěka	ryby	rěki
L.	rybje	rěcy	rybach	rěkach
S.	rybu	rěku	rybami	rěkami

Zweiheit.

N.	rybje	rěcy
G.	rybow	rěkow
D.	rybomaj	rěkomaj
A.	rybje	rěcy
V.	rybje	rěcy
L.	rybomaj	rěkomaj
S.	rybomaj	rěkomaj

Nach c, s, z, wird immer y statt je und nach g, h, ch, k, wird i statt y gesetzt, z. B. droha die Straße drozy, holca das Mädchen holcy, mjeza der Rain mjezy, wjes das Dorf wsy; — figa die Feige figi, smuha der Strich smuhi, wěcha der Hegewisch wěchi, muka das Mehl muki.

§. 11.
Siebente und achte Deklinazion.
(Sedme a wosme skłonjowanje.)

Zur siebenten Deklinazion gehören alle Dingwörter weiblichen Geschlechts mit weichen Endbungskonsonanten, in sofern ein Vokal darauf folgt, und zur achten alle Dingwörter weiblichen Geschlechts, deren weichem Endbungskonsonanten kein Vokal beigefügt ist, z. B. rola der Acker, kósć der Knochen.

	Einheit.		Mehrheit.	
N.	Rola, d. Acker.	Kósć, d. Knochen.	role	kosće
G.	role	kosće	rolow, roli, ról	kosćow, -ći
D.	roli	kosći	rolam	kosćam

A. rolu	kósć	role	kosće
V. rola	kósć	role	kosće
L. roli	kosći	rolach	kosćach
S. rolu	kosću	rolemi	kosćemi

Zweißeit.

N.	roli	kosći
G.	rolow	kosćow
D.	rolomaj	kosćomaj
A.	roli	kosći
L.	roli	kosći
V.	rolomaj	kosćomaj
S.	rolomaj	kosćomaj.

§. 12.

Allgemeine Regeln zur Deklinazion.
(Powšitkomne prawidła za skłonjowanje.)

1. Einige Wörter werden nur in der Mehrheit deklinirt, z. B. cypy der Dreschflegel, widły die Gabel, nožicy die Scheere.

2. a) Der Dativ der Einheit auf ej ist aus ewi ver-kürzt, z. B. synej st. synewi von syn der Sohn. — b) Bei der ersten und dritten Deklinazion wird der Lokativ der Einheit auf -je, -'e um Budissin und Löbau wie -i ausge-sprochen, desgleichen auch der Dativ und Lokativ in der Ein-heit und der Nominativ, Akkusativ und Vokativ in der Zweiheit der sechsten Deklinazion. c) In der siebenten und achten Deklinazion hat aber der Dativ und Lokativ der Einheit, so wie die Zweiheit immer -i, nicht -je, weil der Ausgangskonsonant weich ist, z. B. hola die Haide holi, pjasć die Faust pjasći, łódź das Schiff łódźi, studźeń der Brunnen studni.

3. Die Endung der Zweiheit auf -ow wurde ehedem -owu gesprochen und die Mehrheitsendung -ojo ist aus -owje (-owjo) entstanden.

4. Der Dativ uub Lokativ der Mehrheit hat in einigen Wörtern om, och, z. B. mužom, mužoch; jom, konjoch; kruwom, kruwoch; kurom, kuroch; husom, husoch; swinjom, swinjoch; dźěćom, dźěćoch.

5. a) Der Akkusativ der Benennungen männlicher vernunftbegabter Wesen hat dieselbe Endung wie der Genitiv. — b) Bei den vernunftlosen ist der Akkusativ in der Einheit und Zweiheit ebenfalls dem Genitiv gleich, in der Mehrheit aber dem Nominativ, z. B. jeneho wola, dweju wolow, tři konje, štyri konje. — c) Die Benennungen unbelebter Gegenstände haben den Akkusativ gleich dem Nominativ.

§. 13.

Das Geschlecht.

(Ród. Genus.)

Das Geschlecht der Dingwörter ist dreifach: männlich, weiblich, sächlich.

I. 1. Männlichen Geschlechts sind die Dingwörter mit hartem Ausgangskonsonanten: dub, dar, wóz ꝛc.

Anmerkung. Weiblichen Geschlechts sind auf c, s, z, die Wörter móc, nóc, pěc, wěc, wjes, weil sie ehedem auf i endigten. Kołomaz ist männlich und weiblich.

2. Männlich sind mit weichem Ausgangskonsonanten b, j, l, ž folgende Wörter: holb, drob, kraj, kij, kołodźij, kral, mul, wrobl, muž, nóž, jěž. — Desgleichen: čeŕw.

II. 1. Weiblichen Geschlechts sind die Dingwörter a) auf č, ć, dź, j (für w), — 'el, ń, ń, — 'eń, p, ŕ, š, z. B. ryč, kić, pjeršć, jědź, khorhoj (-how), kudźel, bróń, móšeń, sep, šěŕ, myš. — b) Desgleichen: běl, mysl, sól (sel) und rož. — c) Weiblich und männlich sind: mjetel, hruzel.

Anmerkung. Männlich sind aber auf č: bič, čeč, kołč, kluč, kwič, mječ, moč, płač, połč, śwerč, und die Wörter auf -ač: drač, kołač, honač, srač; — auf ć: łohć, nohć, wěchć, hóść, dešć, kaść, płašć; puć und sněć sind männlich und weiblich; — auf dż: knadż, mjedwjedż, hózdż; — auf j: wołoj, — auf ´el: cyhel, dżećel, dżeržel, jandźel, kašel, kšindźel, khmjel, přećel und alle übrigen auf ćel, wie stworićel, radźićel; — auf ń, eń: ćerń, dźeń, ječmjeń, jeleń, jěrcheń, kamjeń, kóń, korjeń, pjerśćeń, rjemjeń, stupjeń, šeršeń, třmjeń, woheń; — alle Wörter auf ŕ, welche Männer bezeichnen, z. B. bědźeŕ, kowaŕ, ingleichen: tchóŕ (twóŕ), njedopyŕ (njetopyŕ), ćeŕ, paćeŕ; — auf š: koš, kroš, towarš, prěkuš, wosmuš.

Männlich und weiblich sind: paproć, papruš.

2. **Weiblichen** Geschlechts sind auch die Dingwörter auf a, i; z. B. ława, koza, knjeni, pani.

Anmerkung. Ausgenommen sind solche Wörter, die Männer bezeichnen, z. B. ćěsla, šołta.

III. **Sächlichen** Geschlechts sind die Dingwörter auf o, ´o, jo, ´e, je; z. B. słowo, polo, brěmjo, daće, ćernje.

§. 14.

Das Beiwort.

(Přidawnik. Adjectivum.)

Die Beiwörter (přidawniki, adjectiva) haben für das dreifache Geschlecht eine dreifache Endung und zwar auf dreierlei Art:

	m.	w.	f.
1. — -, — a — o:	sam	sama	samo
2. — y, — a — e:	dobry	dobra	dobre
3. — i, — ´a — ´e:	tuni	tunja	tunje

1. Sam, sama, samo (selbst, allein) geht wie dobry, a, e, ausgenommen den Nom. und Aff. sächlichen Geschlechts in der Einheit, der auf -o auslautet.

2. Dobry, dobra, dobre, gut.

Ĝinhȩit.

N.	dobry	dobra	dobre
G.	dobreho	dobreje	dobreho
D.	dobremu	dobrej	dobremu
A.	dobry (-reho)	dobru	dobre
V.	dobry	dobra	dobre
L.	dobrym	dobrej	dobrym
S.	dobrym	dobrej	dobrym

Zwȩihȩit.

N.	dobraj	dobrej	dobrej
G.	dobreju	dobreju	dobreju
D.	dobrymaj	dobrymaj	dobrymaj
A.	dobraj (-reju)	dobrej	dobrej
V.	dobraj	dobrej	dobrej
L.	dobrymaj	dobrymaj	dobrymaj
S.	dobrymaj	dobrymaj	dobrymaj

Mehrhȩit.

N.	dobri, re	dobre	dobre
G.	dobrych	dobrych	dobrych
D.	dobrym	dobrym	dobrym
A.	dobre (-rych)	dobre	dobre
V.	dobri (dobre)	dobre	dobre
L.	dobrych	dobrych	dobrych
S.	dobrymi	dobrymi	dobrymi

3. Tuni, tunja, tunje, wohlfȩil.

Ĝinhȩit.

N.	tuni	tunja	tunje
G.	tunjeho	tunjeje	tunjeho
D.	tunjemu	tunjej	tunjemu
A.	tuni (-njeho)	tunju	tunje
V.	tuni	tunja	tunje
L.	tunim	tunjej	tunim
S.	tunim	tunjej	tunim

Zwȩihȩit.

N.	tunjej	tunjej	tunjej
G.	tunjeju	tunjeju	tunjeju
D.	tunimaj	tunimaj	tunimaj
A.	tunjej (njeju)	tunjej	tunjej

V.	tunjej	tunjej	tunjej
L.	tunimaj	tunimaj	tunimaj
S.	tunimaj	tunimaj	tunimaj

Mehrheit.

N.	tuni	tunje	tunje
G.	tunich	tunich	tunich
D.	tunim	tunim	tunim
A.	tunje (-nich)	tunje	tunje
V.	tuni	tunje	tunje
L.	tunich	tunich	tunich
S.	tunimi	tunimi	tunimi.

1. Die Beiwörter auf -hi haben im Nominativ der Mehrheit der vernunftbegabten Masculina -zy, z. B. drohi theuer drozy, die auf -chi aber -ši, z. B. suchi trocken suši, und die auf -ki haben -cy, z. B. wulki groß wulcy.

2. In der ältern Zeit wurden die Beiwörter gleich den Dingwörtern abgewandelt, z. B. now, nowa, nowo, Genitiv nowa, nowy, nowa. Es haben sich noch einige solche Formen erhalten, z. B. z nowa neuerdings, z ćicha still, po česku böhmisch.

3. Einige Beiwörter haben in einigen Gegenden nur eine Endung, z. B. bosy barfuß, ryzy goldfarben, gebiegen ꝛc.

4. Der Komparativ (powjetšak) entsteht aus dem Positiv (stajak) auf die Weise, daß die Endung a) -iši und b) -ši an die Wurzel des Beiworts angehängt wird, z. B.

a) -iši (mit Erweichung des vorhergehenden Mitlautes): pěkny artig (Wurzel: pěkn), pěkn-iši artiger, mudr-y klug mudriši, hlupy dumm hlupiši, stary alt starši (statt: starši), ćmowy finster ćmowiši, wučeny gelehrt wučeniši, čisty rein čisćiši, ćoply warm ćopliši, hordy stolz hordźiši, wótry scharf wótriši, rjany schön rjeniši.

Anmerkung 1. Das erste i der Endung iši fällt bisweilen aus, macht aber dennoch den vorhergehenden Konsonant weich, z. B. běły weiß bělši (statt bělši), wjeseły froh wjeselši, drohi

theuer dróžši, ćichi still ćišši, suchi trocken sušši, ćežki schwer
ćežši, lóhki leicht lóžši, blizki nah bližši, wuzki eng wužši,
hłuboki tief hłubši (statt: hlubši), daloki weit dalši, šěroki
breit šěrši, wysoki hoch wyšši.

b) -ši, aber ohne Erweichung des vorhergehenden Mit=
lautes: khudy arm khudši, młody jung młódši, blědy blaß
blědši, bohaty reich bohatši, rědki selten rědši, słódki
süß słódši, hładki glatt hładši; krótki kurz krótši; mjehki
weich mjekši.

Anmerkung 2. Cuzy fremd hat cuzyši und horcy heiß
horcyši.

Anmerkung 3. Einige Positive nehmen ihren Komparativ
von andern Wurzeln: dobry gut lěpši, zły böse hórši, wulki
groß wjetši, mały klein mjeńši. — Dołhi lang hat dlěši und
hórki bitter hórěi.

Der Superlativ (přewuzběhowak) des Beiwortes wird
von dem Komparativ durch das Vorsetzen der Sylbe naj
gebildet z. B. mudriši der klügere, najmudriši der klügste.

§. 15.

Das Umstandswort.

(Přidawnik. Adverbium.)

Die Umstandswörter werden aus den Beiwörtern auf die
Weise gebildet, daß sich

a) im Positiv des Beiworts die Endung y in je, ⸗e (mit
Erweichung des Konsonants) und i in o, bisweilen auch in
y (mit Veränderung des vorhergehenden Mitlautes) verwan=
delt, z. B. pěkny artig pěknje, khudy arm khudźe, bo-
haty reich bohaće, rjany schön rjenje; drohi theuer droho,
ćichi still ćicho, ćežki schwer ćežko; wulki groß wulcy.

Anmerkung 1. Dobry hat derje statt debrje, dobrje, žły
hat zlě, mały- mało.

Ferner daß sich

b) im Komparativ iši und ši in išo und šo verwandelt,
z. B. mudriši der klügere, mudrišo klüger; wjeselši-wje-
selšo, dróžši-dróžšo.

Anmerkung 2. Von einigen Beiwörtern wird das Umstands=
wort dadurch gebildet, daß sich an die Wurzel des Positives
die Sylbe ´e mit Erweichung des voranstehenden Konsonants
anfügt, z. B. nizko niedrig niže niedriger, blizko- bliže, lóhko-
lóže, daloko- dale, wysoko-wyše, zahe-zaže.

Anmerkung 3. Die Verhältnißwörter derje, zlě, mało,
dołho, jara sehr, wjele viel haben im Komparativ: lěpje, hórje,
mjenje, dlěje, bólc, wjacy.

Der Superlativ des Umstandswortes wird aus dem
Komparativ desselben durch das Vorsetzen der Sylbe naj ge-
bildet: najmudrišo; najlěpje.

§. 16.
Das Zahlwort.
(Ličbnik. Numerale).

	Einheit.		Mehrheit		
N.	jedyn	jena	jene	jeni, jene	jene (W.S.)
G.	jeneho	jeneje	jeneho	jenych	jenych
D.	jenemu	jenej	jenemu	jenym	jenym
A.	jedyn, jeneho	jenu	jene	jene, -nych	jene
V.	jedyn	jena	jene	jeni, -ne	jene
L.	jenym	jenej	jenym	jenymi	jenymi
S.	jenym	jenej	jenym	jenymi	jenymi

Zweiheit.

N.	jenaj	jenej (W.S.)	dwaj	dwě
G.	jeneju	jeneju	dweju	dwěju
D.	jenymaj	jenymaj	dwěmaj	dwěmaj
A.	jenaj, -neju	jenej	dwaj, dweju	dwě
V.	jenaj	jenej	dwaj	dwě
L.	jenymaj	jenymaj	dwěmaj	dwěmaj
S.	jenymaj	jenymaj	dwěmaj	dwěmaj

Mehrheit.

N.	Třo	tři	štyrjo	štyri	pjećo	pjeć
G.	třoch	třoch	štyrjoch	štyrjoch	pjećoch	pjeć, -ći, -ćich
D.	třom	třom	štyrjom	štyrjom	pjećom	pjećim

A. třoch   tři   štyrjoch   štyri   pjećoch pjeć
V. třo   tři   štyrjo   štyri   pjećo   pjeć
L. třoch   třoch   štyrjoch   štyrjoch pjećoch pjećich
S. třomi   třomi   štyrjomi   štyrimi pjećomi pjećimi.

Die Zahlwörter schreibet man in: Grundzahlen (zakładne ličbniki, cardinales), Ordnungszahlen (rjadomniske, ordinales), Unterscheidungszahlen (rozeznawawe, disjunctivi), Vervielfältigungszahlen (pomnožawe, multiplicativi) und Theilungszahlen (rozdźělowawe, distributivi).

1. Die Grundzahlen zählt man in folgender Weise: 1 jedyn (jena), 2 dwaj (dwě). 3 tři. 4 štyri. 5 pjeć. 6 šěsć. 7 sydom. 8 wósom. 9 dźewjeć. 10 dźesać. 11 jědnaće. 12 dwanaće. 13 třinaće. 14 štyrnaće. 15 pjatnaće. 16 šěsnaće. 17 sydomnaće. 18 wósomnaće. 19 dźewjatnaće. 20 dwaceći. 21 jedyn a dwaceći. 30 třiceći. 40 štyrceći. 50 pjećdźesat (poł sta). 60 šěsćdźesat, 70 sydomdźesat. 80 wósomdźesat. 90 dźewjećdźesat. 100 sto. 200 dwě sćě. 300 tři sta. 400 štyri sta. 500 pjeć stow. 600 šěsć stow. 700 sydom stow. 800 wósom stow. 900 dźewjeć stow. 1000 tysac (tawzynt). 2000 dwaj tysacaj (tawzyntaj). 3000 tři tysacy (tawzynty). 4000 štyri tysacy. 5000 pjeć tysac (tawzynt).

Die Grundzahlen von jedyn bis štyri setzt man wie Beiwörter zum Dingwort, von pjeć an gelten sie aber als Dingwörter, so daß das nachfolgende Dingwort in Genetiv zu stehen kommt, z. B. jedyn muž ein Mann, jena žona eine Frau, dwaj wojakaj zwei Soldaten, dwě kruwje zwei Kühe, třo kralojo brei Könige, tři wěcy brei Dinge, štyrjo lěkarjo vier Aerzte, štyri dny vier Tage, pjeć přećelow fünf Freunde, dwanaće słowow zwölf Worte. — Die Form auf jo, -o wird bei vernunftbegabten Wesen gesetzt und man muß daher stets sagen třo mužojo, štyrjo kra-

lojo (nicht: tři, štyri), weiterhin sagt man aber pjeć mu-
žow und pjećo kralojo u. s. w. — Dwaj verlangt alle-
mal die Zweiheit nach sich: dwaj wozaj (nicht wozy) zwei
Wagen. — Sto und tysac sind Dingwörter.

2. Die Ordnungszahlen sind Beiwörter dreier Endung.
Sie lauten: prěni, nja, nje erste; druhi, ha, he zweite;
třeći, a, e dritte; štwórty, a, e vierte; pjaty fünfte; šě-
sty sechste; sedmy siebente; wosmy achte; dźewjaty neunte;
dźesaty zehnte; jěduaty eilfte; dwanaty zwölfte; třinaty
dreizehnte; štyrnaty vierzehnte; pjatnaty fünfzehnte; šěs-
naty sechzehnte; sydomnaty siebzehnte; wósomnaty acht-
zehnte; dźewjatnaty neunzehnte; dwacety zwanzigste, jedyna-
dwacety einundzwanzigste, třicety dreißigste, štyrcety vierzigste,
pjećdźesaty fünfzigste, stoty hundertste, dwěstoty zweihun-
dertste, tysači (twazyntski) tausendste.

3. Die Unterscheidungszahlen lauten: jedyny und jed-
nory einerlei (einfach), dwoji zweierlei, troji, štwory, pje-
ćory, (pjećery), šesćory, sedmory, wosmory, dźewje-
ćory, dźesaćory, story (hunderterlei), tysacory (tau-
senderlei).

4. Die Vervielfältigungszahlen heißen: jedynaki und
jednoraki einfach, dwojaki zweifach, trojaki, štworaki, pjećo-
raki, šesćoraki, sedmoraki, storaki, tysacoraki.

5. Die Theilungszahlen werden durch das Verhältniß-
wort po (mit dem Lokativ) und die Grundzahl bezeichnet,
z. B. po jenym (je einer, je eins) po šesćoch (je sechs, zu
sechsen), po stach (zu hunderten).

6. Allgemeines Zahlwort ist: wšón, wša, wšo und
wšitkón, wšitka, wšitko alles; Genetiv wšeho, wšeje ꝛc.;
wšitkeho, wšitkeje ꝛc.; in der Mehrheit Nominativ, Vokativ
wšě, Genetiv, Lokativ wšěch, Dativ wšěm, Soziativ wšěmi;
Nominativ wšitcy, wšitke, Gen. wšitkich ꝛc.

Anmerkung 1. Die Bruchzahlen werden durch die Endung ina von den Ordnungszahlen gebildet, z. B. jednina ein Eintheil, dwojina ein Zweitheil, třećina ein Drittheil, štyrina $\frac{1}{4}$, pjećina $\frac{1}{5}$, šesćina $\frac{1}{6}$, sedmina $\frac{1}{7}$, wosmina $\frac{1}{8}$, dźewjećina $\frac{1}{9}$, dźesaćina $\frac{1}{10}$, dwacećina $\frac{1}{20}$, pjedźesaćina $\frac{1}{50}$, stoćina $\frac{1}{100}$, tysačina $\frac{1}{1000}$. — Bei der Zeitbestimmung sagt man štwórć na štyri $\frac{1}{4}4$ Uhr, tři štwórće na pjeć $\frac{3}{4}5$ Uhr.

Anmerkung 2. Die Zahlen selbst heißen: jenka die Eins, dwěnka 2, třinka 3, štyrka 4, pjatka 5, šestka 6, sedymka 7, wosomka 8, dźewjatka 9, dźesatka 10, jědnatka 11, dwacetka 20, pjećdźesatka 50, stotka 100, tysačka 1000.

Anmerkung 3. Doppelt heißt dwójny, a, e; z. B. dwójne piwo Doppelbier; dreifach trójny, a, e; z. B, trójaje podšita suknja, ein dreifach gefütterter Rock.

§. 17.

Das Fürwort.

(Naměstnik. Pronomen.)

Die Fürwörter zerfallen in 1) persönliche (wosobite, personalia): ja, ty, so, wón; 2) zueignende (wobsydniwe, possessiva): mój, twój, swój, jejny; 3) fragende (prašawe, interrogativa): štó, što, kotry, čeji; 4) anzeigende (pokazowawe, demonstrativa): tón, ta, to; tutón, tónle; 5) bezügliche (poćahowawe, relativa): kotryž, -až, -ež welcher, e, es, Genitiv kotřehož, kotrejež; Nominativ der Mehrheit kotřiž, kotrež; štóž, štož wer, was, Genitiv kohož, čehož, Akkusativ sächl. štož und čož (mit Verhältnißwörtern); čejiž, -jaž, jež, wessen, Genitiv čejehož, čejejež ꝛc.

Einheit.		Einheit u. Mehrheit.
N. ja ich	ty du	—
G. mje, mnje meiner	tebje, će deiner	sebje, so seiner, ihrer, seiner
D. mi, mni mir	tebi, ći dir	sebi, sej ihm, ihr, ihm
A. mje, mnje mich	tebje, će dich	sebje, so sich
L. mni mir	tebi dir	sebi sich
S. mnu mir	tobu dir	sobu sich

N.	mój wir beide	wój ihr b.	my wir	wy ihr
G.	naju unser b.	waju euch b.	nas unser	was euer
D.	namaj uns b.	wamaj euch b.	nam uns	wam euch
A.	naju uns b.	waju euch b.	nas uns	was euch
L.	namaj uns b.	wamaj euch b.	nas uns	was euch
S.	namaj uns b.	wamaj euch b.	nami uns	wami euch

Einheit.   Mehrheit.

N.	Wón er	wona sie	wone es	{ woni { wone	wone
G.	jeho, njeho	jeje, njeje	jeho, njeho	jich, nich	jich, nich
D.	jemu, njemu	jej, njej	jemu, njemu	jim, nim	jim, nim
A.	{ jón, njón { jeho, njeho	ju, nju	jo, je, nje	{ jich, nich { je, nje	je, nje
L.	nim	njej	nim	nich	nich
S.	nim	njej	nim	nimi	nimi

Zweiheit.   Einheit.

N.	wonaj	wonej	Štó wer	što was
G.	jeju, njeju	jeju, njeju	koho	čeho
D.	jimaj nimaj	jimaj, nimaj	komu	čemu
A.	jeju, njeju	jej, njej	koho	što, čo
L.	nimaj	nimaj	kim	čim
S.	nimaj	nimaj	kim	čim

Einheit.   Mehrheit.

N.	Mój mein	moja meine	moje mein	{ moji { moje	moje
G.	mojoho	mojeje	mojeho	mojich	mojich
D.	mojemu	mojej	mojemu	mojim	mojim
A.	{ mój { mojeho	moju	moje	{ moje { mojich	moje
L.	mojim	mojej	mojim	mojich	mojich
S.	mojim	mojej	mojim	mojimi	mojimi

Zweiheit.

N.	mojej	mojej	**A.**	{ mojej { mojeju	mojej
G.	mojeju	mojeju	**L.**	mojimaj	mojimaj
D.	mojimaj	mojimaj	**S.**	mojimaj	mojimaj

1. Die Formen: mnje, mni, njeho, njeje, njemu, njej, nim, njón, nju, nje, njeju, nimaj, nich, nimi, ingleichen čo werden nach Verhältnißwörtern gesetzt.

2. Twój, twoja, twoje dein, und swój, swoja, swoje sein, gehen wie mój, moja, moje. — Tón, ta, to dieser, G. teho, teje 2c. geht wie dobry; Zweiheit: taj, tej 2c., Mehr= heit: ći, te, G. tych 2c. — Tutón, tuta, tuto dieser, und tónle, tale, tole dieser, gehen wie tón, ta, to; G. tuteho, tuteje 2c. — tehole, tejele 2c. — Jejny ihr gehörig, und kotry welcher, gehen nach dobry, čeji wessen, nach tuni.

3. Allgemeine Fürwörter sind: někotry mancher, Mehr= heit někotři, -re; někotryžkuli, někotryžkuliž so mancher, G. někotrehožkuli, -iž; něchtó jemand, něšto etwas, nichtó niemand, ničo nichts, G. někoho, něčeho, nikoho, ničeho 2c.

§. 18.
Das Zeitwort.
(Słowjeso. Verbum.)

Die Zeitwörter werden nach Verschiedenheit der Sylben, die der Stammsylbe im Infinitiv und Präsens beigefügt werden, in sechs Klassen eingetheilt.

I. A. -ć nach einem Konsonant: kłas-ć legen; kła-du ich lege.

I. B. -ć nach einem Vokal: pi-ć trinken; pi-ju ich trinke.

II. -nyć: wuk-nyć lernen: wuk-nu ich lerne.

III. ⸗eć: ryč-eć sprechen; ryču ich spreche.

IV. -ić: pal-ić brennen; palu ich brenne.

V. -ać, ⸗eć: woł-ać rufen, waleć wälzen; wołam, walam.

VI. -ować: kup-ować kaufen; kupuju ich kaufe.

§. 19.
Das Hilfszeitwort byč sein.

Sym ich bin, běch ich war, sym był ich bin gewesen, běch był ich war gewesen, budu ich werde sein, bych był ich würde sein, budźich był ich wäre gewesen, oder ich würde gewesen sein, budź sei.

Praesens.	Imperfectum.	Perfectum.	Plusquamperf.
	Einheit.		
1. Sym	běch	sym był, a, o	běch był, a, o
2. sy	běše bě	sy - - -	běše bě - - -
3. je	běše bě	je - - -	běše bě - - -
	Zweiheit.		
1. smoj	běchmoj	smoj byłaj, łej	bjechmoj byłoj, łej
2. staj, stej	běštaj, tej	staj, stej - -	běštaj, tej - -
3. staj, stej	běštaj, tej	staj, stej - -	běštaj, tej - -
	Mehrheit.		
1. smy	běchmy	smy byli, byłe	běchmy byli, byłe
2. sće	bešće	sće - -	běšće - -
3. su	běchu	su - -	běchu - -

Futurum.	Subjunct. praes.	Subjunct. praet.	Imperat.
	Einheit.		
1. budu	bych był, a, o	budźich był, a, o	—
2. budźeš	by - - -	budźiše - - -	budź
3. budźe	by - - -	budźiše - - -	budź
	Zweiheit.		
1. budźemoj	bychmoj byłaj, - łej	budźichmoj byłaj, - łej	budźmoj
2. budźetaj - tej	byštaj, tej -	budźištaj, tej -	budźtaj, - tej
3. budźetaj - tej	byštaj, tej -	budźištaj, tej -	budźtaj, - tej,
	Mehrheit.		
1. budźemy	bychmy byli, byłe	budźichmy byli, byłe	budźmy
2. budźeće	byšće - -	budźišće - -	budźće
3. budźa	bychu - -	budźichu - - -	—

Infinitiv.	Part. praes.	Transgr. praes.	Transgr. praet.
być sein.	sucy, a, e seienb	jso seienb	bywši gewesen.

Part. perf. act.	Part. perf. pass.
był, a, o	byty, a, e
byłaj, ej	bytaj, ej
byli, łe gewesen	byći, byte gewesen

Imperfectum passivi.

1. buch ich wurbe	buchmoj wir beib w.	buchmy wir wurben
2. bu	buštaj, tej	bušće
3. bu	buštaj, tej	buchu.

§. 20.
Erste Konjugazion.
(Prěnje časowanje.)

Nach der ersten Konjugazion gehen A. diejenigen Zeit=
wörter, welche vor der Infinitivendung einen harten Konso=
nant (kłas-ć legen) und in der 1. Person der Gegenwart
den Ausgang auf u mit vorhergehendem harten Konsonant
(kład-u ich lege) haben; B. diejenigen, welche an die offene
Stammsylbe des Infinitivs ć (pi-ć trinken) und in der 1.
Person des Präsens ju (pi-ju ich trinke) beifügen.

(Kładu ich lege, kładźech ich legte, sym kładł ich habe
gelegt, běch kładł ich hatte gelegt, budu kłasć ich werde legen,
bych kładł ich würde legen, budźich kładł ich hätte gelegt oder
ich würde gelegt haben, kładź lege. — Piju ich trinke, pijach
ich trank, sym pił ich habe getrunken, běch pił ich hatte ge=
trunken, budu pić ich werde trinken, bych pił ich würde trinken,
budźich pił ich hätte getrunken oder ich würde getrunken haben,
pij trinke.)

A.		B.
Praesens.		Praesens.
	Einheit.	
1. Kładu		Piju
2. kładźeš		piješ
3. kładźe		pije

Zweiheit.

1. kładžemoj   pijemoj
2. kładžetaj, ej   pijetaj, ej
3. kładžetaj, ej   pijetaj, ej

Mehrheit.

1. kładžemy   pijemy
2. kładžeće   pijeće
3. kładu   pija, ju

Imperfectum.   Imperfectum.

Einheit.

1. kladžech   pijach (do-pich)
2. kładžeše (po-kładže)   piješe (do-pi)
3. kładžeše (po-kładže)   piješe (dopi)

Zweiheit.

1. kładžechmoj   pijachmoj (-pichmoj)
2. kładžeštaj, ej   piještaj, ej (-ištej, ej)
3. kładžeštaj, ej   piještaj (-ištaj, ej)

Mehrheit.

1. kładžechmy   pijachmy (-pichmy)
2. kładžešće   piješće (-pišće)
3. kładžechu   pijachu (-pichu)

Perfectum.

Einheit.

1. sym kładł, ła, ło   sym pił, ła, ło
2. sy - - -   sy - - -
3. je - - -   je - - -

Zweiheit.

1. smoj kładłaj, łej   smoj piłaj, łej
2. staj kładłaj, stej kładłej   staj piłaj, stej piłej
3. -   -   -   -   -

Mehrheit.

1. smy kładli, łe   smy pili, łe
2. sće - -   sće - -
3. su - -   su - -

Plusquamperfectum.

běch kładł, a, o   běch pił, a, o
u. s. w.   u. s. w.

Futurum.

1. budu kłasć	budu pić u. ſ. w.

Subjunct. praes.	Subjunct. praet.
1. bych kładł, pił, a, o	budźich kładł, pił, a, o
u. ſ. w.	u. ſ. w.

Imperativ.

Einheit.		Mehrheit.	
2. kladź	pij	1. kładźmy	pijmy
3. kładź	pij	2. kładźće	pijće

Zweiheit.

1. kładźmoj	pijmoj
2. kładźtaj, tej	pijtaj, tej
3. kładźtaj, tej	pijtaj, tej

Infinitiv.	Part. praes.
kłasć legen pić trinken	kładźacy, a, e legend pijacy, a, e trinkend

Transgr. praes.		Transgr. praet.	
kładźo	pijo	kładźiwši	piwši
legend	trinkend	gelegt habend	getrunken habend

Part. perf. act.		Part. perf. pass.	
kładł, a, o ꝛc.	pił, a, o ꝛc.	kładźeny, a, e ꝛc.	pity, a, e ꝛc.
gelegt habend	getrunken habend	gelegt	getrunken

Imperfect. pass.

1. buch kładźeny, a, e ꝛc.	buch pity, a, e ꝛc.
ich wurde gelegt	ich wurde getrunken.

§. 21.
Zweite Konjugazion.
(Druhe časowanje.)

Nach der zweiten Konjugazion gehen die Zeitwörter, die im Infinitiv nyć (wuk-nyć lernen) und in der 1. Perſon des Präſens (Futurum) nu (wuk-nu ich lerne) haben.

Praesens.

Einheit.	Zweiheit.	Mehrheit.
1. wuknu ich lerne.	wuknjemoj	wuknjemy
2. wuknješ	wuknjetaj, tej	wuknjeće
3. wuknje	wuknjetaj, tej	wuknu

Imperfectum.

Einheit.	Zweiheit.	Mehrheit.
1. wuknjech	wuknjechmoj	wuknjechmy
2. wuknješe	wuknještaj, tej	wuknjesće
3. wuknješe	wuknještej, tej	wuknjachu

Perfectum.	Plusquamperf.	Futurum.
1. sym wuknył, a, o	běch wuknył a, o	budu wuknyć
ich habe gelernt 2c.	ich hatte gelernt 2c.	ich werde lernen 2c.

Subjunct. praes.	Subjunct. praet.
1. bych wuknył, a, o	budźich wuknył, a, o
ich würde lernen	ich hätte gelernt

Imperativ.

1. — —	wukńmoj	wukńmy
2. wukń lerne	wukńtaj	wukńće
3. wukń	wukńtaj	—

Infinitiv.	Part. praes.	Transgr. praes.	Trans. praet.
wuknyć	wuknjacy, a, e	wuknjo	wukniwší
lernen	lernend	lernend	gelernt habend

Part. perf. act.	Part. perf. pass.
wuknył, a, o	wuknjeny, a, e
gelernt habend	gelernt

Imperfectum passivi.

1. buch wuknjeny 2c. buchmoj wuknjenaj, nej
   ich wurde gelernt   wir beide wurden gelernt

buchmy wuknjeni, e
wir wurden gelernt.

§. 22.

Dritte Konjugazion.

(Třeće časowanje.)

Zur dritten Konjugazion gehören diejenigen Zeitwörter, die im Infinitiv eć mit vorhergehendem weichen Konsonant (ryč-eć sprechen) und in der 1. Person des Präsens u mit vorhergehendem weichen Konsonanten (ryč-u ich spreche) haben.

Praesens.	Imperfectum.	Imperativ.
1. Ryču	ryčach po-ryčach	—
2. Ryčiš	ryčeše po-ryča	ryč
3. ryči	ryčeše po-ryča	ryč

1. ryčimoj	ryčachmoj	ryčmoj
2. ryčitaj, tej	ryčeštaj, tej	ryčtaj, tej
3. ryčitaj, tej	ryčeštaj, tej	ryčtaj, tej

1. ryčimy	ryčachmy	ryčmy
2. ryčiće	ryčešće	ryčće
3. ryča	ryčachu	—

Perfectum.	Plusquamperf.	Futurum.
1. sym ryčał, a, o	běch ryčał, a, o	budu ryčeć
ich habe gesprochen	ich hatte gesprochen	ich werde sprechen

Subjunct. praes.	Subjunct. praet.
1. bych ryčał, a, o	budźich ryčał, a, o
ich würde sprechen	ich hätte gesprochen

Infinitiv	Part. praet.	Transgr. praes.	Transgr. praet.
ryčeć	ryčacy, a, e	ryčo	ryčawši
sprechen	sprechend	sprechend	gesprochen habend

Part. perf. act.	Part. perf. pass.
ryčał, a, o	ryčany, a, e
gesprochen habend	gesprochen

Imperfectum passivi.

1. buch ryčany	buchmoj ryčanaj, nej	buchmy ryčeni,čane
ich wurde gesprochen	wir beide w. g.	wir wurden gespr.

§. 23.
Vierte Konjugazion.
(Štwórte časowanje.)

Zur vierten Konjugazion gehören die Zeitwörter, die im Infinitiv ić (pal-ić brennen) und in der 1. Person des Präsens u mit vorhergehendem weichen Konsonant (pal-u ich brenne) haben.

Praesens.		Imperfectum.		Imperativ.
1. palu	palach	za-palich	—
2. pališ	paleše	za-pali	pal
3. pali	paleše	za-pali	pal

1. palimoj	palachmoj	za-palichmoj	palmoj
2. palitaj, tej	paleštaj, tej	za-palištaj	paltaj, tej
3. palitaj, tej	paleštaj, tej	za-palištaj	paltaj, tej

1. palimy	palachmy	za-palichmy	palmy
2. paliće	palešće	za-pališće	palće
3. pala	palachu	za-palichu	—

Perfectum.	Plusquamperf.	Futurum.
1. sym palił, a, o	běch palił, a, o	budu palić
ich habe gebrannt	ich hatte gebrannt	ich werde brennen

Subjunct. praes.	Subjunct. praet.
1. bych palił, a, o	budźich palił, a, o
ich würde brennen	ich hätte gebrannt

Infinitiv.	Part. praes.	Transg. praes.	Transgr. praet.
palić	palacy, a, e	palo	paliwši
brennen	brennend	brennend	gebrannt habend

Part. perf. act.	Part. perf. pass.
palił, a, o	paleny, a, e
gebrannt habend	gebrannt

Imperfectum passivi.

1. buch paleny, a, e	buchmoj palenaj, nej	buchmy paleni, e
ich wurde gebrannt	wir beibe w. g.	wir wurden gebr.

§. 24.
Fünfte Konjugazion.
(Pjate časowanje.)

Zur fünften Konjugazion gehören die Zeitwörter, die im Infinitiv ać mit vorhergehendem harten Konsonant (woł-ać rufen) und in der 1. Person des Präsens am mit vorher-gehendem harten Konsonant (woł-am ich rufe) haben. Hier-her gehören auch die Zeitwörter, die im Infinitiv statt ać wegen des vorhergehenden weichen Konsonanten eć (wal-eć wälzen) haben.

Praesens.		Imperfectum.	
1. Wolam	Walam	wołach	walach
2. wołaš	waleš	wołaše za-woła	waleše zwala
3. woła	wala	wołaše za-woła	waleše zwala
1. wołamoj	walamoj	wołachmoj	walachmoj
2. wołataj, tej	walataj, tej	wołaštaj, tej	waleštaj, tej
3. wołataj, tej	walataj, tej	wołaštaj, tej	waleštaj, tej
1. wołamy	walamy	wołachmy	walachmy
2. wołaće	waleće	wołašće	walešće
3. wołaja	waleja	wołachu	walachu

Perfectum.	Plusquamperf.	Perfectum.	Plusquamperf.
1. sym wołał, a, o	běch wołał, a, o	sym walał, a, o	běch walał, a, o
ich habe gerufen	ich hatte gerufen	ich habe gewälzt	ich hatte gewälzt

Subjunct. praes.   Subjunct. fut.

1. bych wołał, a, o; walał, a, o   budźich wołał, a, o; walał, a, o
   ich würde rufen, wälzen   ich hätte gerufen, gewälzt

Imperativ.

1.	—	—	wołajmoj;	walejmoj	wołajmy, walejmy
2.	wołaj	walej	wołajtaj, tej;	walejtaj, tej	wołajće walejće
3.	wołaj	walej	wołajtaj, tej;	walejtaj, tej	— —

Infinitiv.	Part. praes.	Part. perf. act.
wołać rufen	wołacy rufend	wołał, a, o gerufen habend
waleć wälzen	walacy wälzend	walał, a, o gewälzt habend

Transgr. praes.	Transgr. praet.	Part. perf. pass.
wołajo rufend	woławši ger. habend	wołany, a, e gerufen
walejo wälzend	walawši gew. habend	walany, a, e gewälzt

Imperfectum passivi.

1. buch wołany, a, e   buch walany, a, e
   ich wurde gerufen   ich wurde gewälzt.

§. 25.

Sechste Konjugazion.

(Šeste časowanje.)

Zur sechsten Konjugazion gehören die Zeitwörter, die im Infinitiv ować (kup-ować) und in der 1. Person des Präsens uju (kup-uju ich kaufe) haben.

Praesens.	Imperfectum.	Imperativ.
1, kupuju	kupowach	— —
2. kupuješ	kupowaše na-kupowa	kupuj
3. kupuje	kupowaše na-kupowa	kupuj ˉ
1. kupujemoj	kupowachmoj	kupujmoj
2. kupujetaj, tej	kupowaštaj, tej	kupujtaj, tej
3. kupujetaj, tej	kupowaštaj, tej	kupujtaj, tej
1. kupujemy	kupowachmy	kupujmy
2. kupujeće	kupowašće	kupujće
3. kupuja	kupowachu	— —

Perfectum.	Plusquamperf.	Futurum.
1. sym kupował, a, o	běch kupował, a, o	budu kupować
ich habe gekauft	ich hatte gekauft	ich werde kaufen

Subjunct. praes.	Subjunct. praet.
1. bych kupował, a, o	budźich kupował, a, o
ich würde kaufen	ich hätte gekauft

Infinitiv.	Part. praes.	Part. perf. act.
kupować	kupowacy, a, e	kupował, a, o
kaufen	kaufend	gekauft habend

Transgr. praes.	Transgr. praet.	Part. perf. pass.
kupujo	kupowawši	kupowany, a, o
kaufend	gekauft habend	gekauft

Imperfectum passivi.

1. buch kupowany, a, e   buchmoj kupowanaj, nej
ich wurde gekauft   wir beide wurden gekauft
buchmy kupowani, ne
wir wurden gekauft.

26. §.

Allgemeine Bemerkungen über das Zeitwort.

Die Formen des Zeitwortes werden dadurch gebildet, daß zum Infinitiv und zur ersten Person der Gegenwart bestimmte Endungen hinzugesetzt werden. Bei den Zeitwörtern I. A. kommt die zweite Person der Gegenwart in Betracht.

Vom Infinitiv werden abgeleitet: 1) das Perfectum 2) das Participium perfecti activi, 3) das Transgressivum perfecti, 4) das Participium perfecti passivi und 5) in der sechsten Konjugazion das Participium praesentis. — Vom Praesens kommen 1) der Imperativus, 2) das Transgressivum praesentis, 3) die lange Form des Perfectum (mit Ausnahme der sechsten Konjugazion, wo sie vom Infinitiv abgeleitet wird) und 4) das Participium praesentis (mit Ausnahme der sechsten Konjugazion).

Das Futurum wird eigentlich durch den Infinitiv und das Hilfszeitwort budu gebildet; z. B. budu kłasć ich werde legen. Es hat aber die Form des Präsens a) besonders in den Zeitwörtern, bei denen sich ihrer kurzen Dauer wegen keine eigentliche Gegenwart denken läßt. Hierher gehören alle Verba momentanca (Konjugazion II.), z. B. rěznu ich werde schneiden, rězam ich schneide; lehnu so ich werde mich legen, lěham so ich lege mich; ćisnu ich werde werfen, ćiskam ich werfe; přimnu ich werde angreifen, přimam ich greife an; skoču ich werde springen, skakam ich springe; wróću so ich werde umkehren, wróćam so ich kehre um: dostanu ich werde empfangen, dostawam ich empfange. — Wuknu ich lerne, ist Präsensform.

b) Wird ein Verhältnißwort vor das Präsens eines Zeitwortes der Grundform (prěnjotne słowjeso) gestellt, so hat es die Bedeutung des Futurum, z. B. Grundform:

njesu ich trage, wjedu ich führe, wjezu ich fahre, jědu
ich fahre, lězu ich krieche, du ich gehe, cheu ich will;
Futurum: ponjesu, přinjesu; wotwjedu; dowjezu, při-
jědu; polězu, wulězu; póńdu, přińdu; zecheu; Präsens:
piju ich trinke, hraju ich spiele, mru ich sterbe; Futurum:
wupiju, dopiju, napiju so (wupiwam, dopiwam, na-
piwam so; (ist das Präsens hierzu); přehraju (Präsens
přehrawam); wumru; Präsens: wuknu ich lerne, lećeu ich
fliege, widźu ich sehe; Futurum: nawuknu, polećeu, za-
widźu (Präs. zawidam); Präsens: palu ich brenne; Fu-
turum: zapalu; Präsens: woram ich ackere, Futurum: za-
woram (Präs. zaworuju); Präsens: kupuju ich kaufe, Fu-
turum: nakupuju.

Bei einigen zusammengesetzten Zeitwörtern der V. und
VI. Konjugazion wird das Futurum durch das Voranstellen
eines zweiten Verhältnißwortes von der Form des Präsens
gebildet; z. B. zbĕram ich lese auf, přihrĕwam ich wärme
auf, naliwam ich gieße ein, wupiwam ich trinke aus, zam-
kam ich schließe; Futurum: zezbĕram, sprihrĕwam, zna-
liwam, zwupiwam, zezamkam

§. 27.
Bemerkungen zur erſten Konjugazion.

Der Infinitiv der ersten Konjugazion A. endet auf ein
bloßes ć, welches sich 1) unmittelbar an den letzten Wurzel-
konsonant des Zeitworts anhängt, z. B. kłas-ć legen, njes-ć
tragen. Hat die Wurzel ein d oder t zum Ausgang, z. B.
přadu ich spinne, pletu ich flechte, so wird im Infinitiv statt
d-ć, t-ć immer s-ć gesetzt, z. B. přas-ć, ples-ć statt přad-ć,
plet-ć. Hierher gehört auch jěsć essen. Die Zeitwörter,
die im Infinitiv blos c statt cć haben, gehören ebenfalls
unter A., weil sie eigentlich -kć im Infinitiv haben sollten
(pjek-ć backen, syk-ć mähen) und bilden daher das

Präsens regelmäßig auf -ku, pjeku ich backe, syku ich mähe, vom Infinitiv: pjec, syc. Das Zeitwort móc (können) hat im Präsens móžu (ich kann) statt móhu.

Die Infinitivendung ć wird auch 2) mittelbar durch Einfügung eines Selbstlautes mit der Wurzel verbunden, z. B. brać nehmen, prać schlagen, słać (statt stłać) schicken, und es behalten diesen Verbindungslaut die vom Infinitiv abgeleiteten Formen, z. B. brałe, brawši, brany; im Präsens, Imperfektum, Imperativ und Transgressiv des Präsens nehmen sie aber zwischen die Wurzelkonsonanten ein weiches e an, z. B. bjeru ich nehme, pjeru, sćelu; bjerjech ich nahm, bjeŕ nimm, bjerjo nehmend.

Der Infinitiv der ersten Konjugazion B. endet auf ein bloßes ć, welches sich an den Wurzelvokal anhängt, z. B. bi-ć schlagen, znać kennen, wuć heulen, wěć wehen. — Die Zeitwörter přeć gönnen oder wünschen, leć gießen, kleć fluchen, dźeć so träumen, stehen für prać ꝛc. und haben daher: přał, lał, kłał, dźał so; łaty, kłaty. Im Präsens und dessen Ableitungen haben die drei letztgenannten liju, kliju, dźije so, Imperf. lijach, Imperat. lij, Transgr. des Präsens lijo, Particip. des Präsens lijacy. — Die Zeitwörter mřeć sterben, drěć schinden, kćěć blühen, pŕeć leugnen, črěć schöpfen, haben statt des regelmäßigen Präsens mrěju, drěju, kčeju, pŕeju, črěju auch die Form: mru, dru, ktu, pru, čru, wonach auch die Ableitungen des Präsens gebildet werden; próć auftrennen und kłóć stechen, haben statt próju, kłóju auch poru, kolu ꝛc. — Das Zeitwort lhać (lügen) hat lžu; spać (schlafen) hat spju, spiš, spja, spach, spał, spany, spi, spjo, spicy, spawši, und dać (geben) hat dam, daš, dadźu (sie werden geben); dach; — měć (haben) hat mam; maš ꝛc., maja (sie haben), die übrigen Zeiten sind regelmäßig; chcyć (wollen) hat chcu, chceš, chcedźa (sie woŀłen), chcych (ich woŀłte), chcyše, chcyj (woŀłe), chcyjo, chcyjacy; chcyŀ; chcyty, chcywši.

Hić gehen und jěć fahren, gehören unter B., da sie eigentlich hid-ć, jěd-ć lauten sollten.

Hić hat du (ich gehc), dźeš (du gehst), du und dźeja (sie gehen), dźěch (ich ging), dźo, ducy (gehend), dźi (geh), póndu (ich werde gehen), šoł, šła, šło (gegangen), šedši statt šedwši (ge= gangen seiend). — Jěć hat jědu (ich fahre) jědźeš; po- jědu (ich werde fahren). Alles Uebrige regelmäßig.

Jěsć (essen) und das nichtgebräuchliche wěsć (d. i. wjedźeć wissen) stehen statt jěd-ć, wěd-ć und sie bilden: jěm (ich esse), wěm (ich weiß) statt jědm, wědm; jěš, wěš; jě, wě; jěmoj, wěmoj; jěstaj, wěstaj; jěmy, wěmy; jěće und jěsće, wěće und wěsće; jědźa, wje- dźa; jěz, wěz; jědźo, wjedźo; jědźicy, wjedźacy; jědźech, (wjedźach III. Konj.); in der Zusammensetzung z-jěch; jědł (wjedźał III. Konj.); jědźeny᾽, wědźeny (wjedźeny); jědžiwši, wědźiwši (wjedźiwši).

§. 28.
Bemerkungen zur zweiten Konjugazion.

Im Imperfektum wird statt der Formationsshlbe -nich 2c. in den meisten Fällen, besonders aber bei Zusammensetzungen -nych gesetzt, z. B. na-wuknych 2c. ich erlernte.

Das ń des Imperativs, sowie das ny des Participi- ums perfecti act. wird öfters abgeworfen, z. B. wuk statt wukń; (wukł), wukła, wukło statt wuknył, wuknyła, wuk- nyło. Ebenso hasła, drapła, kopła, powjesła (poj- sła), wohjesła vom ungebräuchlichen hasć löschen, drapć kratzen, kopć hacken, powjesć und wohjesć aufhängen, wofür man hasnyć, drapnyć, kopnyć, powjesnyć (pojsnyć), wohjesnyć setzt.

Die Zeitwörter auf dnu und hnu, in denen allerdings

d und h um Bubiſſin nicht geſprochen wird, wie padnu, kradnu, torhnu haben neben der regelmäßigen Form des Imperfektum auf -ych auch -ech mit vorhergehendem wei= chen Konſonant, nämlich padźech, kradźech, toržech von dem ungebräuchlichen pasć (padć) fallen, krasć (kradć) ſtehlen und torc (torhć) reißen.

§. 29.
Bemerkungen zur dritten Konjugazion.

Die Zeitwörter der dritten Konjugazion dienen meiſtens zur Bezeichnung der Laute, z. B. zynčeć tönen, klinčeć klingen, kurčeć girren, bječeć blöcken ꝛc. — Außerdem ge= hören zu dieſer Konjugazion: běžeć laufen, bojeć so ſich fürchten, čiśćeć drücken, dyrbjeć müſſen, dźeržeć halten, klečeć knieen, ležeć liegen, mjelčeć ſchweigen, słyšeć hören, widźeć ſehen, tčeć ſtecken und wjedźeć wiſſen, letzteres jedoch nur in einigen Zeitformen.

§. 30.
Bemerkungen zur vierten Konjugazion.

Nach s und z verwandelt ſich die Endung ić in yć und ſtatt i wird durch die ganze Konjugazion y geſetzt, z. B. nosyć tragen, nosyš du trägſt ꝛc. Vor einer weichen Kon= jugazionsſylbe verwandelt ſich s in š, ingleichen z in ž, z. B. nošu ich trage, wožu ich fahre.

Einige Zeitwörter der vierten Konjugazion werden von Dingwörtern gebildet, z. B. kruwarić Kuhhirte ſein, von kruwař der Kuhhirt; pěstonić Kinderwärter ſein, von pěston der Kinderwärter.

§. 31.
Bemerkungen zur fünften Konjugazion.

Das Paradigma waleć wird nur da abweichend von wołać konjugirt, wo ſich das urſprüngliche a deswegen, weil es zwischen zwei weiche Konsonanten getreten ist, in e verwandeln muß, z. B. waleš, waleše, walej steht eigentlich für walaš, walaše, walaj.

Die Zeitwörter plakać weinen, skakać springen, pisać schreiben, sowie die Zeitwörter auf zać werden im Präsens, Imperativ und Transgreßivum des Präsens auch nach der 1. Konjugazion A. abgewandelt, z. B. płaču ich weine, skaču ich springe, pišu ich schreibe, mažu ich schmiere; płačo, mažo, płačicy, als wenn der Infinitiv płac (płakć) skac, mazc hieße.

§. 32.
Bemerkungen zur sechsten Konjugazion.

Die Zeitwörter der sechsten Konjugazion werden entweder von andern Zeitwörtern, z. B. kupować von kupić kaufen, oder von Dingwörtern abgeleitet, z. B. ćěslować Zimmermann sein, von ćěsla, der Zimmermann; škodować Schaden leiden, von škoda, der Schaden.

§. 33.
Das Verhältnißwort.
(Předložka. Praepositio.)

Als eigentliche Verhältnißwörter werden betrachtet und haben

den Genitiv nach sich:

Bjez ohne, z. B. bjez drasty, ohne Kleidung. In den Fällen, wo in dem nachfolgenden Worte sofort zu Anfange eine Konsonantenanhäufung stattfindet, sagt man entweder bjeze, z. B. bjeze mnje ohne mich, oder man läßt die Endung ganz weg, z. B. bje wšeje bojosće ohne alle Furcht.

Dla wegen. Dieses Verhältnißwort wird dem Dingworte gemeiniglich nachgesetzt, z. B. ćěsće dla, der Ehre wegen. — Bei den besitzenden Fürwörtern mój, twój, swój, naš, waš steht dla stets mit dem Neutrum und zwar im Nominativ, gleichsam als Dingwort, z. B. moje dla meinet=wegen, twoje dla beinetwegen, swoje dla seinetwegen, naše dla unsertwegen, waše dla euretwegen.

Do a) in, nach; auf die Frage wohin? z. B. do města in die Stadt; do Prahi nach Prag; b) an, in auf die Frage woran, worein? z. B. do Boha wěrić an Gott glauben; do něčeho ryčeć in Etwas reden; c) bis auf, bis um, bis mit vorangehendem hač; z. B. do poslednjeho muža, bis auf den letzten Mann; do pjeći bis auf fünf; do třećeho a štwórteho stawa, bis ins dritte und vierte Glied; d) vor; z. B. do časa vor der Zeit; do sesći dyrbiš tu być, vor sechs Uhr mußt du hier sein.

Pola, bei; z. B. pola nas bei uns; pola nana beim Vater; pola cuzych ludźi bei fremden Leuten.

Z aus; z. B. z Pólskeje aus Polen, z kraja aus dem Lande. — Vor s, š, z, ž und vor Wörtern mit gehäuften Konsonanten sagt man ze statt z, z. B. ze sněha aus dem Schnee, ze šumjenja aus dem Sausen, ze zemje aus der Erde, ze žony aus der Frau, ze jstwy aus der Stube, ze wsy aus dem Dorfe, ze łžicy aus dem Löffel, ze muje aus mir.

Wot von, lat. a; z. B. wot boha, von Gott, a Deo; wot dźěla, von der Arbeit. — Beginnt das nachfolgende Wort mit gehäuften Konsonanten, so gebraucht man die Form wote, z. B. wote muje von mir; wote mše aus der Messe (aus dem Gottes=dienst), wote wšitkich von allen.

Den Dativ regieren
K zu (zum, zur), z. B. k nam zu uns, k swojim wótcam zu seinen Vätern. — Vor Wörtern mit gehäuften Konsonanten setzt man ke, z. B. ke mui zu mir, ke mši zum Gottesdienst, ke wsy zum Dorf, ke rži zum Roggen.

Přećiwo, gegen, wider; z. B. přećiwo mužej gegen den Mann, přećiwo žonje gegen die Frau, přećiwo tebi wider dich.

Den Akkusatiw regiert

Přez, über, durch; z. B. přez móst über die Brücke, přez nóc über Nacht, přez moju pomoc durch meine Hülfe, přez naš dwór durch unsern Hof. — Vor Wörter mit ge= häuften Konsonanten setzt man entweder přeze, z. B. přeze mnje durch mich, oder pře, z. B. přc wšitko, über alles.

Přе, wider, gegen, für, um, wie das böhmische pro, z. B. přе hłowubolenje, wider, gegen Kopfschmerzen; přе čo? wofür? pře to dafür, wón rudźi so přc swoje zamo= ženje, er betrübt sich um sein Vermögen; wona płače pře swoje dźěći, sie weint um ihre Kinder.

Wob (eigentlich: um, herum) in der Bedeutung: innerhalb, z. B. wob dźeń innerhalb eines Tages, wob dźeń puć eine Tagereise.

Den Soziatiw regiert

Z mit, z. B. z konjom mit dem Pferde, z tobu mit bir, z nim mit ihm. — Vor Wörtern mit gehäuften Kon= sonanten, so wie vor solchen, die mit s š, z, ž beginnen, setzt man ze, zo, z. B. ze łžicu mit dem Löffel, ze wšitkimi mit Allen, zo mnu mit mir, ze sotru mit der Schwester, ze šćětku mit der Bürste, ze zawěškom mit einem Vorhang, ze žonu mit der Frau.

Den Lokatiw regiert

Při, bei, an, z. B. při mni bei mir, při maćeri bei der Mutter, při kromje am Rande, při morju am Meere.

W*) in, auf die Frage: wo, wenn? z. B. w duchu a w prawdźe im Geiste und in der Wahrheit, w twojim

―――――

*) W steht in einigen Redefügungen, wo es eine Richtung oder Zeitdauer anzeigt, mit dem Akkusativ, z. B. w swoju stronu hić, seiner Wege gehen; w tu khwilu, alle Weile, jetzt.

domje in beinem Haufe, w městach in ben Städten, w
měrje a pokoju in Ruhe und Frieden, w dwěmaj dnjo-
maj in zwei Tagen, w zańdźenym měsacu im vergangenen
Monate. — Vor Wörtern mit gehäuften Konsonanten sagt
man we, wo, z. B. we mni in mir, wo wsy im Dorfe,
wo jstwje in der Stube, we wšitkim in Allem.

Den Akkufativ und Soziativ regieren
und zwar ben erstern auf bie Frage wohin? und ben
letztern auf die Frage wo?

Bjez (eigentlich mjez, wie es auch hie und da gesprochen
wird) unter, zwischen, a) mit dem Akkufativ auf die Frage
wohin? z. B. wón séele was bjez wjelki, er senbet euch
unter die Wölfe; b) mit dem Soziativ auf die Frage wo?
z. B. bjez ludźimi unter ben Leuten, bjez słóncnym a mě-
sačnym swětłom je rozdźěl zwischen bem Sonnen= und Mond=
lichte ist ein Unterschied. — Vor Wörtern mit gehäuften Kon=
fonanten setzt man bjeze, z. B. bjeze mnu a bjez tobu,
zwischen mir und dir.

Nad, über, a) mit bem Akkufativ auf bie Frage: über
wen, was? z. B. Bóh je to nad nas dopušćił, Gott hat
das über uns zugelassen; b) mit dem Soziativ auf bie Frage:
worüber? z. B. nad nami über uns; nad wodu über dem Waffer.
— Vor Wörtern mit gehäuften Konsonanten sagt man nade,
z. B. nade mnu über mir, nade wšitkimi über allen.

Pod, unter, a) mit dem Akkufativ auf die Frage?
wohin? z. B. pod moje wokna unter meine Fenster; b)
mit dem Soziativ auf die Frage: wo? z. B. pod mojimi
woknami unter meinen Fenstern.

Před, vor, a) mit dem Akkufativ auf die Frage: wohin?
z. B. před wyšnosć stupić vor die Obrigkeit treten, před
woči vor die Augen; b) mit den Soziativ auf bie Frage:
wo? z. B. před wyšnosću stać vor der Obrigkeit stehen,

před wočomaj vor Augen, před khěžu vor dem Hause, před sudnym stolom, vor dem Richterstuhle, před dwěmaj njedźelomaj vor zwei Wochen. — Vor Wörtern mit gehäuften Konsonanten sagt man přede, z. B. přede mnu vor mir, přede wšitkim vor Allem.

Za, hinter, a) mit dem Akkusativ auf die Frage: wohin? z.B. za hory hić, hinter die Berge gehn, za město hinter die Stadt; b) über, zu, in auf die Frage: wenn, binnen, innerhalb welcher Zeit? z. B. za dwě njedźeli über zwei Wochen, za lěto übers Jahr, za dźeń innerhalb eines Tages, za moju mlodosć während meiner Jugend, za člowske pomnjeće seit Menschengedenken; c) für, um, za štyri slěborne um vier Groschen, za swojeho přćela für seinen Freund, za ničo um Nichts, für Nichts, za mnje für mich; d) bei, mit den Zeitwörtern: nehmen, halten, führen, ziehen, fangen, z. B. za ruku wzać, wjesć bei der Hand nehmen, führen; za nohu popanyć beim Fuße fangen, za suknju dźeržeć beim Rocke halten, za włosy ćahnyć bei den Haaren ziehen; e) hinter mit dem Soziativ auf die Frage: wo? z. B. za horami hinter den Bergen, za městom hinter der Stadt, za blidom hinter dem Tische, za nim hinter ihm, za wójskom hinter dem Heer, za mnu hinter mir, mir nach.

Mit dem Akkusativ und dem Lokativ und zwar mit dem erstern auf die Frage: wohin? und mit dem letztern auf die Frage: wo? stehen

Na auf, an a) auf die Frage: wohin? mit dem Akk. z. B. na zemju auf die Erde; swoje dowěrjenje na bohastwo stajić sein Vertrauen auf Reichthum setzen, so na murju złožić sich an die Mauer lehnen. Bisweilen muß man na auch ohne die Frage wohin? mit auf, zu über- setzen, z. B. to na włósk trjechi das trifft aufs Haar, na proch roztolc zu Staube zerstoßen, na drobne rozpowjedać aufs Genaueste erzählen; b) an, auf, auf die Frage: wo? mit dem Lokativ, z. B. na tebi an, auf bir; na swojim polu auf seinem Felde, na kijach auf den Stöcken, na někotrym člowjeku an manchem Menschen.

Po nach a) um Etwas zu holen, bringen, auf die Frage: wonach? mit dem Akkusativ, z. B. po wodu hić nach Wasser gehen, b) in, an, auf, über, durch, auf die Frag: wo, worauf? desgleichen, auf der Oberfläche hin, mit dem Lokat., z. B. po hasach auf den Gassen, po zahrodach běhać in den Gärten laufen, po městach wokoło éahać in den Städten herumziehen, snknja so po zemi wleče der Rock schleppt auf, an der Erde, woda po kamjenjach běži das Wasser läuft über Steine, po morju hić auf dem Meere (seiner Oberfläche) gehen, po rołach wodu wjesć durch Röhren Wasser leiten. c) Bei der Zeit, auf die Frage: wann? nach mit dem Lokat., z. B. po khwili nach einer Weile, po troch dnjach nach drei Tagen, po jutrach nach Ostern, po sedmich njedźelach nach sieben Wochen. d) Auch mit dem Lokat. auf die Frage: wornach, nach wem? nach, z. B. po kłobuku znać dem Hute nach kennen, po winje wonjeć nach Wein riechen, po Bozy žadać nach Gott verlangen, po tebi jěsć dir nachessen, po twojej radźe nach deinem Rathe, po Božej woli nach Gottes Willen. e) Bei Theilungen, zu, —weise, z. B. łohć po tolerju die Elle zu einem Thaler, po du (dwu) zu zweien, po štyrjoch slěbornych kóždemu jebem zu vier Groschen, po krepkach tropfenweise, po kruchach stückweise.

Wo um, an mit dem Akkusativ, z. B. so wo někoho starać sich um Jemand kümmern, wo rubiško hrać um ein Tuch spielen, wo swojeho bližšeho njerodźić sich um seinen Nächsten nicht bekümmern, ničo wo to Nichts darum; b) an, auf die Frage: an was, woran?

mit dem Aff., z. B. so wo skalu rozrazyć sich an einem
Felsen zerschlagen, wo zemju ćisnyć an die Erde werfen;
c) um, von, bei Bestimmungen der Zeit und des Maaßes,
auf die Frage: um wie lange, um wie viel? mit dem Aff.,
z. B. wo měsac rózno um einen Monat auseinander, ja
sym wo tři lěta starši ich bin um drei Jahre älter, polo
wo kórc wusywa ein Feld von einem Scheffel Aussaat,
wo dźewjeć łóhćow šerši um neun Ellen breiter. d) Mit
dem Lokativ über, von, Lat. *de*, z. B. wo tym ja ničo
njewěm davon weiß ich Nichts, my wo ničim njewěmy wir
wissen von Nichts, sy što wo tym zhonił hast du Etwas
davon erfahren?

Zusammengesetzte Verhältnißwörter, Umstandswörter und bereits mit Verhältnißwörtern verbundene Ding- und Zeitwörter als Verhältnißwörter.

a) Zusammengesetzte Verhältnißwörter:

Napřećiwo entgegen, mit dem Dativ, wird aber dem
Dingworte nachgesetzt, z. B. swojemu nanej napřećiwo hić
seinem Vater entgegen gehn, jemu napřećiwo ihm entgegen.
— Wird es dem Dingworte vorausgesetzt, so hat es die
Bedeutung von přećiwo.

Pornjo (eigentlich po runjo), neben, daneben (parallel),
mit dem Dativ, z. B. dwaj a dwaj pornjo sebi zwei und
zwei neben einander.

b) Umstandswörter.

Sie stehen mit dem Genitiv.

Blizko nahe, bliže näher an, z. B. blizko města nahe
bei der Stadt; bliže pola näher am Felde.

Dale weiter, weiterhin, z. B. tam dale tehje dort weiter
von dir, dale Lipska weiter, über Leipzig hinaus.

Mjelčo heimlich, z. B. mjelčo njeho heimlich vor ihm, mjelčo nana heimlich vor dem Vater.

Nimo vorbei, z. B. nimo dwora am Hofe vorbei, nimo mje bei mir vorbei.

Niže unterhalb, z. B. niže mróčelow lětaja ptaki unterhalb der Wolken fliegen Vögel, niže mje unter mir, niže młyna unterhalb der Mühle.

Njedaloko unweit, z. B. njedaloko wrotow unweit des Thores.

Pódla neben, nebenbei, an, z. B. pódla drohi an, neben der Straße, pódla wowčeŕnje neben dem Schafstalle.

Posledy (poslezy, z posledy) hinten, nach, (weiter hinten in der Reihenfolge), z. B. wón přindźe posledy mje er kam nach (hinter) mir.

Prjedy vor, z. B. ja sym prjedy njeho přišoł ich bin vor ihm gekommen.

Spody unten, z. B. spody ławy unter der Bank, spody loda běži woda unterm Eise fließt Wasser.

Srjedź, srjedźa, wo srjedźa mitten, zwischen (in der Mitte), z. B. srjedź hata mitten im Teiche, srjedźa njebjes a zemje zwischen Himmel und Erde, ja dźěch srjedźa njeju ich ging zwischen beiden.

Wokoło um, herum, z. B. wokoło mje um mich herum, wokoło města hić um die Stadt gehen.

Wyše über, z. B. wyše teho überdem, überdies, wyše hłowy über dem Kopfe, wyše wody über dem Wasser.

Zady, zezady hinter (dem Orte nach), z. B. zady so hinter sich, zady bróžnje hinter der Scheune, zady mje hinter mir.

Z blizka in der Nähe, z. B. z blizka tebje in deiner Nähe, z blizka rěki in der Nähe des Flusses.

Z boka zur Seite, seitwärts, z. B. z boka města seit=
wärts der Stadt, z boka mje mir zur Seite.

Z nutřka innerhalb, z. B. z nutřka města innerhalb
der Stadt.

Z wjeŕcha oberhalb, z. B. z wjeŕcha kamjenjow běchu
dorny nakładźene oberhalb der Steine waren Rasen gelegt.

Z wonka außerhalb, z. B. z wonka twjerdźizny außer=
halb der Festung.

§. 34.

Das Bindewort.

(Wjazawa. Conjunctio.)

Hierher gehören: a und, tež auch, ani auch nicht, ani
— ani weder — noch, nic jeno (jenož) — ale tež nicht
nur — sondern auch; abo oder, abo — abo entweder —
oder, pak aber, pak — pak entweder — oder, bald — bald,
ale sondern; tola doch, wšak doch, ja; jako wie, jako — tak
sowie — so, runje jako — tak tež eben sowie — so auch,
runje tak — kaž ebenso — wie; runje tak — jako ebenso
— wie, tak — kaž so — wie, kaž — tak wie — so;
hdyž wenn, hdy mit bych und budźich wenn, jeli, jelizo
(hejzo) wenn, jako mit bych und budźich als ob, als wenn,
khiba zo, khibali zo es sei denn daß, khiba hdyž außer wenn;
hač runje obgleich, byrnje wenn auch, njech mag, möge, tak
jara hač, tak wjele hač so sehr auch, so viel auch, oder: wie
sehr, wie viel auch; dokelž weil, přetož denn, zo weil, daß,
damit, dla (im Nachsaße) so, duž da, nun, daher, dla dha
nun so, nun denn so, teho dla dha daher nun, also.